Small books / Deep words

NOTE**BOOK**
p o i e s i s

& **Cross-Cultural Communications**

KOTOBA
ことば

Poemas desde Palabras y Proverbios de Japón
Poems Based on Japanese Words and Proverbs

Luis Cruz-Villalobos

Traducción desde el español por
Translated from the Spanish by
Mark McGraw

NOTEBOOK
poiesis

& Cross-Cultural Communications

[Colección YellowLine]

Kotoba / ことば. *Poemas desde palabras y proverbios de Japón / Poems Based on Japanese Words and Proverbs*

© Luis Cruz-Villalobos, 2017, 2023

First edition

© NoteBook Poiesis & Cross-Cultural Communications, 2025
Colección YellowLine
Curicó, Chile - New York, USA

English translation by Mark McGraw.

Editorial care: Stanley Barkan.

Cover image: Ceramic vessel repaired using the Japanese kintsugi/kintsukuroi technique (author unknown).

No part of this book may be reproduced or transmitted in any form or by any means, electronic, mechanical, recording, or otherwise, without the written consent of the author.

ISBN 978-0-89304-690-3
Library of Congress Control Number

Printed in the United States of America / Europe

In memoriam
Matsuo Bashō
松尾芭蕉

> *Bajo un sombrero*
> *disfruto de la sombra,*
> *aún estoy vivo.*
>
> MATSUO BASHO

En el reino de paz por venir se reconciliarán el ser humano y la naturaleza. El ser humano no será más que un conciudadano de una república de seres vivos a la cual también pertenecerán las plantas, los animales, las piedras, las nubes y las estrellas.

> BYUN-CHUL HAN
> *Vida Contemplativa, 2023*

> *Under a hat*
> *I enjoy the shade,*
> *I still live.*
>
> MATSUO BASHO

In the coming kingdom of peace, the human being and nature shall be reconciled. The human being will be no more than a co-citizen of a republic of living beings to which plants, animals, stones, clouds and stars will belong.

> BYUN-CHUL HAN
> *Contemplative Life, 2023*

ÍNDICE

Prólogo 19
Prologue 13

I. KYŌMIBUKAI KOTOBA 25
Itadakimasu 26
Otsukaresama 28
Komorebi 30
Kogarashi 32
Mono no aware 34
Yūgen 36
Shoganai 38
Kintsukuroi 40
Wabi-sabi 42
Shinrin-yoku 44
Sakurafubuki 46
Gaman 48
Koi No Yokan 50
Ame Otoko / Ame Onna 52
Ukiyo 54
Kuidaore 56
Hikikomori 58
Majime 60
Ikigai 62
Ma 64

II. KASHIKOI KOTOBA 67
La lluvia es un problema [...] 68
The rain is a problem [...] 69
Mientras se está acostado en la cama [...] 70
No one trips while lying in bed. 71
Si piensas en ello, decídelo [...] 72
If you are thinking about it, decide [...] 73
El significado de rápido es ir lento [...] 74
Fast means going slowly [...] 75
Los ríos que son muy profundos [...] 76
The deep rivers [...] 77
La risa llama a la felicidad. 78
The laugh calls to happiness. 79
El sol no sabe ni de buenos ni de malos [...] 80
The sun does not know who is good or bad [...] 81
Aquel que es capaz de esperar media hora más [...] 82
He who can wait a half hour more than [...] 83
Puede que solo necesites tu espada [...] 84
It could be that you need your sword [...] 85
No son las flores más hermosas [...]. 86
It is not the most beautiful flowers [...] 87
No digas que es imposible [...] 88
Do not say that it is impossible [...] 89
Es preferible ser el enemigo de alguien bueno [...] 90
It is better to be the enemy of someone good [...] 91
Si quieres subir y no tienes cómo inventa la escalera. 92
If you want to climb and do not have a way, invent the ladder 93
Un matrimonio ha de ser como las manos y los ojos [...] 94
A marriage has to be like hands and eyes [...] 95

Un barco con cien marineros [...]	96
A ship with a hundred sailors [...]	97
La disciplina acabará venciendo a la inteligencia	98
Discipline will end up beating intelligence	99
El mar es así de grande porque no menosprecia los riachuelos.	100
The sea is so great because it does not look down on creeks.	101
La victoria no es lo que enseña, se aprende más con la derrota.	102
The victory is not what teaches, one learns more in defeat.	103
Glosario / Glossary	105
Sobre el Autor / About the Author	121
Sobre el Traductor / About the Translator	125

Prólogo

El japonés es un idioma de una riqueza única, donde cada palabra encierra siglos de historia, sensibilidad y una visión del mundo profundamente arraigada en la cultura de Japón. Su vocabulario está tejido con matices que muchas veces escapan a la traducción directa, pues no solo nombra realidades concretas, emociones, sensaciones y fenómenos naturales, sino que también los envuelve en una poética sutil y evocadora. En contraste con los idiomas occidentales, el japonés ofrece una perspectiva singular sobre la experiencia humana, una que resuena especialmente en la vida hipermoderna de hoy.

Japón tiene una larga tradición de apreciar la naturaleza, la transitoriedad de la vida y la belleza en lo imperfecto. Esta perspectiva se ve claramente en conceptos como *mono no aware* (物の哀れ) y *wabi-sabi* (わびさび). *Mono no aware* se traduce como "la tristeza de las cosas" y representa una profunda sensibilidad hacia la impermanencia de la vida. Esta filosofía invita a una apreciación melancólica de la belleza efímera, como la floración de los cerezos que es hermosa precisamente porque dura poco. *Wabi-sabi*, por otro lado, apunta a una estética que encuentra belleza en la imperfección y la impermanencia. Este concepto valora la simplicidad, la asimetría y la autenticidad, celebrando las cicatrices y el desgaste como parte integral de la belleza de un objeto. La práctica de *kintsukuroi* (金継ぎ), que repara cerámica rota con oro, es una manifestación tangible de *wabi-sabi*, transformando las cicatrices en algo aún más hermoso.

El idioma japonés también tiene términos para fenómenos naturales específicos, como *komorebi* (木漏れ日), que describe la luz del sol que se filtra a través de las hojas de los árboles, y *kogarashi* (木枯らし), el primer viento frío del invierno que hace caer las hojas. Estas palabras reflejan una conexión profunda y poética con la naturaleza, una característica distintiva de la cultura japonesa.

Además, el japonés tiene términos para describir experiencias humanas y estados emocionales que no tienen equivalentes directos en otros idiomas. *Ikigai* (生き甲斐), por ejemplo, se refiere a la razón de ser de una persona, una motivación profunda que da sentido a la vida. *Koi no yokan* (恋の予感) describe la sensación de que uno se va a enamorar de alguien, una intuición de un amor inminente que aún no ha comenzado.

En comparación con los idiomas occidentales, el japonés ofrece una riqueza de vocabulario para describir experiencias y sentimientos de manera más matizada. Mientras que en inglés o español podemos necesitar varias palabras o incluso oraciones para describir un sentimiento o fenómeno, el japonés a menudo lo captura en un solo término. Esto no solo facilita la comunicación de ideas complejas de manera concisa, sino que también enriquece la expresión cultural y artística.

En la actual era hipermoderna o modernidad tardía, donde la velocidad y la eficiencia a menudo dominan nuestras vidas, los conceptos japoneses ofrecen un recordatorio valioso de la importancia de la reflexión, la apreciación de la belleza cotidiana y la aceptación de la imperfección. Prácticas como *shinrin-yoku* (森林浴), el "baño de bosque", que promueve el bienestar a través del contacto con la naturaleza, se están adoptando en todo el mundo como una forma de contrarrestar el estrés y la desconexión de la vida moderna.

La filosofía de *shoganai* (しょうがない), que significa "no se puede evitar", también ofrece una perspectiva de aceptación ante las dificultades inevitables de la vida, promoviendo una actitud de resiliencia y adaptación. En un mundo donde el control y la predictibilidad son cada vez más valorados, *shoganai* nos recuerda la importancia de aceptar lo que no podemos cambiar.

El idioma japonés, con su rica paleta de términos y conceptos, ofrece una ventana a una manera única de ver el mundo. Estos términos no solo enriquecen nuestra comprensión de la cultura japonesa, sino que también aportan valiosas lecciones para la vida contemporánea en cualquier parte del mundo. En un tiempo donde la conexión real y la profundidad a menudo se sacrifican por la rapidez y la superficialidad, los conceptos japoneses nos invitan a ralentizar, a apreciar la belleza en lo efímero y a encontrar significado y propósito en nuestras vidas.

El presente libro es un proyecto poético que busca acceder a varios de los términos japoneses que aquí hemos mencionado y otros que resultan también muy llamativos para la cultura occidental. Se ensaya una especie de breve diccionario poético de palabras que pueden enriquecer nuestra experiencia en la hipermodernidad. También se abordarán poéticamente, por medio del *haiku*, en la segunda parte de este libro, proverbios japoneses de profunda significación que nos introducen en la riqueza sapiencial de esta cultura ancestral.

Luis Cruz-Villalobos, PhD
Precordillera de Curicó, invierno de 2024

Prologue

Japanese is a language of unique richness, where each word holds centuries of history, sensitivity, and a worldview deeply rooted in Japan's culture. Its vocabulary is woven with nuances that often elude direct translation, as it not only names concrete realities, emotions, sensations, and natural phenomena but also envelops them in a subtle and evocative poetics. In contrast to Western languages, Japanese offers a singular perspective on human experience—one that continues to resonate even in today's hypermodern world.

Japan has a long tradition of appreciating nature, the transience of life, and beauty in the imperfect. This perspective is clearly seen in concepts like *mono no aware* (物の哀れ) and *wabi-sabi* (わびさび). Mono no aware is translated as "the sadness of things," and represents a deep sensibility toward life's impermanence. This philosophy invites a melancholic appreciation of ephemeral beauty, like the blossoming of the cherries that is beautiful precisely because it is brief. *Wabi-sabi*, on the other hand, points to an aesthetic that finds beauty in imperfection and impermanence. This concept values simplicity, asymmetry and authenticity, celebrating scars and wear as integral to the beauty of an object. The practice of *kinksukuroi*, that repairs broken ceramic with gold, is a tangible manifestation of *wabi-sabi*, transforming scars into something even more beautiful.

The Japanese language also has terms for specific natural phenomena, like *komorebi*, (木漏れ日), that describes the sunlight that filters through the leaves of the trees, and *kogarashi*, (木枯らし) the first cold wind of winter that makes the leaves fall. These words reflect a deep, poetic connection with nature, a distinctive characteristic of Japanese culture.

Additionally, Japanese has words to describe human experiences and emotional states that do not have direct equivalents in other languages. *Ikigai* (生き甲斐), for example, refers to a person's reason for being, a deep motivation that makes life make sense. *Koi no yokan* (恋の予感) describes the feeling of falling in love with someone, an intuition of imminent love that has not yet started.

Compared to Western languages, Japanese offers a rich vocabulary to describe experience and feelings in a more nuanced manner. While in English or Spanish we can need several words and even sentences to describe a feeling or phenomenon, Japanese often captures it in a single term. This not only facilitates the communication of complex ideas in a concise manner, but also enriches the cultural and artistic expression.

In the current hypermodern or late modernity, where speed and efficiency often dominate our lives, Japanese concepts offer a valuable reminder of the importance of reflection, the appreciation of everyday beauty and the acceptance of imperfection. Practices like *shinrin-yoku* (森林浴), forest-bathing, that promotes wellbeing through contact with nature, is being adopted worldwide as a technique to counter the stress and disconnection of modern life.

The philosophy of *shoganai* (しょうがない), which means "it can't be avoided," also offers a perspective of acceptance when faced with life's inevitable difficulties, promoting an attitude of resilience and adaptation. In a world where control and predictability are more and more valued, *shoganai* reminds us of the importance of accepting what we cannot change.

The Japanese language, with its rich palette of terms and concepts, offers a window to a unique way of seeing the world. These terms not only enrich our comprehension of Japanese culture; they also teach valuable lessons for contemporary life in any part of the world. In a time when real and deep connection and are often sacrificed for speed and superficiality, the Japanese concepts invite us to slow down, to appreciate beauty in the ephemeral, and to find meaning and purpose in our lives.

This book is a poetic project that seeks to access several of the Japanese terms we have mentioned here as well as others that are noteworthy for Western culture. This is an attempt at a kind of short poetic dictionary of words that can enrich our experience in hypermodernity. Japanese proverbs of profound meaning are also included poetically through haiku in the second part of this book, and they introduce us to the riches of wisdom from this ancestral culture.

Luis Cruz-Villalobos, PhD
Foothills of Curicó, Winter 2024

I

KYŌMIBUKAI KOTOBA
きょうみぶかい ことば

Poemas desde palabras de Japón
Poems from Japanese Words

ITADAKIMASU
いただきます

Gracias vida
Por tu vida
Muerte que se torna abrazo
Para que resurja nuestro día
Con más vitalidad
Gracias vegetal amable
Gracias viviente que saltas a mi ser
Para conformarlo más nuevo
Gracias mano trabajadora
Que esmerada se hizo gesto
Que hoy recibo como beso
Gracias conjunción de las fuerzas
Constelación de los dones
Que vienen a nuestra mesa
Y la llenan de su amor
Que humildemente recibimos.

Thank you life
For your life
Death that becomes embrace
To revive our day
With more vitality
Thank you friendly vegetable
Thank you living thing that jumps to my being
To make it newer
Thank you laboring hand
That becomes a gesture when worked
That I receive today like a kiss
Thank you coincidence of efforts
Constellation of gifts
That comes to our table
And fills it with its love
That we humbly receive.

OTSUKARESAMA
おつかれさま

Cansancio el tuyo
Que viene a mi lado
Y me acaricia la cara
Yo lo veo
Lo reconozco
Y agradecido
Lo nombro loable
Gesto de dicha
De tu corazón
Al mío.

Your fatigue
That comes alongside me
And caresses my face
I see it
I recognize it
And thankful
I name it laudable.
Gesture of blessing
Of your heart
To mine.

KOMOREBI
木漏れ日

Manos de luz
Que sutiles
Como de niñas sonrientes
Se hacen paso para deslumbrar
Con la belleza del cielo
En medio del verdor.

Hands of light
How subtle
Like those of smiling girls
They make way to dazzle
With heaven's beauty
In the midst of the green.

KOGARASHI
木枯らし

Soplo alto
Gélido aliento
Que anuncias el blanco
Que pregonas la llegada del tiempo frío
Que esconderás las semillas
Y las dejarás dormidas
Hasta el amanecer.

High breeze
Frigid breath
You announce the white
You herald the arrival of cold weather
You will hide the seeds
And leave them sleeping
Until daybreak.

Mono no aware
物の哀れ

El corazón en paz
Lento
Bajo el peso de la belleza
Bajo el peso de la nostalgia
Por un mundo que tristemente se marcha de pronto
Y queda yerto
Después del rutilante despliegue
De la vida o el amor en su gloriosa fragilidad
Que se va.

The heart in peace
Slow
Under the weight of beauty
Under the weight of nostalgia
For a world that soon sadly departs
And is left stiff
After the sparkling display
Of life or love in its glorious fragility
That leaves.

Yūgen

幽玄

Lo inefable se asoma
Muestra su rostro como doncella tímida
Detrás de los velos
Y se marcha
Dejando su aroma leve
Perfecto
Que no puede atraparse
En la palabra.

The ineffable peeks out
Shows its face like a timid girl
Behind the veils
And she departs
Leaving her light perfume
Perfect
That cannot be trapped
In words.

SHOGANAI
しょうがない

Lo inevitable aparece como un relámpago
Y cae y quema o mata
El cielo así lo quiso
Y nosotros ya nada podemos hacer
Más que seguir el camino
Sin culpa
Sin pena
Pues la vida sigue como el río
Que no se detiene hasta el mar.

The inevitable appears like lightening
And falls and burns or kills
The sky wanted it that way
And we cannot do anything now
Except to continue on our way
Without guilt
Without sorrow
Since life continues like the river
That does not stop until the sea.

Kintsukuroi

金継ぎ/金繕い

Así como la vida
Como los humanos pasos
Que después de la caída
Pueden ser más nobles
Así reparamos la arcilla
Con noble metal que une
Y deja memoria
De la derrota sufrida
Y la victoria construida
Desde las ruinas.

Just like life
Like human steps
That after the fall
Can be more noble
That is how we repair the clay
With noble metal that unites
And leaves memory
Of the suffered defeat
And the victory that is built
From the ruins.

Wabi-sabi
わびさび

Busco aquí
En este estero leve
Con hojas muertas
Y turbias aguas
La belleza
Aquí la encuentro
Mientras camino
Por las tardes
Hacia el mar.

I search here
In this light estuary
With dead leaves
And cloudy waters
The beauty
Here I find it   While
I walk
In the afternoons
Toward the sea.

SHINRIN-YOKU
森林浴

Me sumerjo en el bosque
Nado en su soledad robusta
Busco allí la causa
El fin
El silencio primigenio de mi calma
Encuentro allí
La humedad próxima
De la cual procede mi dicha más honda
Mi palpitar más propio
Y vuelvo a la paz.

I submerge myself in the forest
I swim in the robust solitude
I search there for the cause
The end
The primitive silence of my calm
I find there
The close humidity
From which proceeds my deepest blessing
My very heartbeat
And I return to peace.

SAKURAFUBUKI
桜吹雪

La aromática delicadeza
Que comienza a llover
El colorido tenue y amable
Que viene a besar nuestro invierno
Para que recordemos
Que la sutil esencia de la vida
Es un ciclo hermoso
E interminable.

The aromatic delicateness
That starts to rain
The tenuous and friendly coloring
That comes to kiss our winter
So that we remember
That the subtle essence of life
Is a beautiful
And interminable cycle.

Gaman

我慢

El guerrero vuelve a ponerse en pie
La torre es reconstruida después de la derrota
El río retorna a su antiguo cause
La herida sana y la cicatriz queda como un emblema
La derrota es derrotada
El camino casi infinito un día se termina
Y el hogar aparece enfrente
Con su puerta abierta
Para un nuevo tiempo y espacio de amor.

The warrior stands back up
The tower is rebuilt after falling
The river returns to its old bed
The wound heals and the scar remains as an emblem
The defeat is defeated
The almost infinite road is finished one day
And home appears in front
With its door open
For a new time and space of love.

Koi No Yokan
恋の予感

Te veo
Me ves
El mundo que eres
Y el mundo que soy
Sin saberlo antes
Ahora se alza como un solo mundo
Ese recóndito lugar
Donde habita quienes somos realmente
Es descubierto
Y deseado como tesoro único y preciso
Seguramente sin fin.

I see you
You see me
The world that you are
And the world that I am
Without knowing it before
Now it rises like a single world
This out-of-the-way place
Inhabited by who we really are
Is discovered
And desired like a precise and unique treasure
Surely without end.

Ame Otoko / Ame Onna
雨男 / 雨女

Traigo sobre mi cabeza
Nubes grises que lloran
Traigo con mis pasos
El canto de la tormenta
Pero no olviden jamás
Que el sol no se ha ido
Y que las aguas del cielo
También son bendición.

I carry on my head
Grey clouds that cry I carry
with my steps
The song of torment
But never forget
That the sun has not gone
And that heaven's waters
Also are a blessing.

Ukiyo
浮世

El presente dicen que dura
Solo medio segundo
Lo demás es pasado
Recuerdo u olvido
Y el resto es futuro
Que no sabemos si tal vez
Algún día se asomará
Solo tenemos este instante
Volátil y aéreo
Que no logra jamás parar.

They say the present lasts
Just a half second
Everything else is past
Remember or forget
And the rest is future
That we do not know if maybe
Some day will show up
We only have this instant
Volatile and airborne
That never manages to stop.

Kuidaore

食い倒れ

El vientre
Puede llegar a ser el amo
Tirano y verdugo
De quien le sirve
Como a un emperador
Que derrocha la vida
La paz verdadera
Y los serios afectos
Pero también puede ser
Un sirviente amable
Que nos entrega
Su noble servicio
Que podemos aprender
A disfrutar satisfechos.

The belly
Can become the master
Tyrant and executioner
Of whom it serves
Like an emperor
That squanders life
True peace
And the serious results
But can also be
A kind servant
That delivers us
Its noble service
So we can learn
To enjoy satisfied.

Hikikomori
引き籠もり

Atrapado vivo
Atrapado muero
Lentamente
Aislado del mundo
Y de quienes me aman
Mi muro es invisible
Es también mi jaula
Donde crezco
Sobrevivo y observo
Como un pájaro
Atrapado
Que ya no sabe volar.

Trapped alive
Trapped dead
Slowly
Isolated from the world
And from those who love me
My wall is invisible
It is also my cage
Where I grow
Survive and observe
Like a trapped bird
That does not know
How to fly anymore.

Majime
真面目

Lleva un perfil pulido
La piel del alma pulcra
Sin grietas
Sin rendijas donde esconder el mal
Serio en el paso y la palabra
Que siempre son promesa lúcida
Que se cumplirá.

It carries a polished profile
The skin of a faultless soul
Without cracks
Without scratches where the bad is hidden
Serious in stride and word
That is always the clear promise
That shall be accomplished.

IKIGAI
生き甲斐

Amar lo que se hace
Hacer lo que se ama
Cumplirlo con pericia
Y aguda exactitud
Respondiendo con ello
A quien lo necesita
Y recibiendo por todo esto
El sustento esencial.

To love what is made
To make what is loved
To accomplish it with skill
And sharp precision
Responding with it
To whomever needs it
And receiving for all this
The essential sustenance.

MA
間

El vacío
Completa el lugar
Lo embellece
Con su halo de armonía
Recordando que menos
Puede ser más
Cuando todo sabe su lugar
Y su tiempo oportuno.

The emptiness
Completes the place
It beautifies it
With its halo of harmony
Remembering that less
Can be more
When everything knows
The right time and place.

II

KASHIKOI KOTOBA
かしこいことば

Haiku
俳句

Poemas desde proverbios de Japón
Poems from Japanese Proverbs

1

                                  LA LLUVIA ES UN PROBLEMA
                     SOLO PARA QUIENES NO QUIEREN MOJARSE.

Lluvia abundante
Las ranas gorjean alegres
El niño encerrado llora.

El agua dulce
que baja desde el cielo
riega y anega.

El campesino
eleva una gratitud
Llueve al ocaso.

> THE RAIN IS A PROBLEM ONLY
> FOR THOSE WHO DO NOT WANT TO GET WET.

Abundant rain The
frogs gurgle happily The
child in the house cries.

Sweet water that falls
from the sky irrigates and
inundates.

The campesino
raises praise to the heavens
It rains at sunset.

2
>Mientras se está acostado en la cama,
>nadie se tropieza.

Enfermo en cama
el hombre mira por su ventana
Las estaciones continúan.

En medio del barro
el niño sonríe y se levanta
después de caer.

Todo danza
El cielo, el agua y la tierra
Salvo la muerte.

NO ONE TRIPS
WHILE LYING IN BED.

Sick in bed the man
looks out his window while The
seasons keep going.

In the pile of mud the
child smiles and gets back up
After falling.

Everything dances
The sky, the water, the earth
Except death.

3

                        Si piensas en ello, decídelo.
                    Si ya lo decidiste, deja de pensarlo.

Como un ave
enjaulada y enferma
la mente perdida.

El rayo grita
No espera la voz
de su trueno.

El caballo fiel
montado por el guerrero
salta sobre lanzas.

IF YOU ARE THINKING ABOUT IT, DECIDE.
IF YOU HAVE ALREADY DECIDED, STOP THINKING ABOUT IT.

Like a bird
caged and sick
its mind lost.

The lightning shouts
Don't wait for the voice
of its thunder.

The loyal horse mounted
by the warrior jumps
over lances.

4

                                   EL SIGNIFICADO DE RÁPIDO ES IR LENTO,
                                                                  PERO SIN PAUSA.

El estero delgado
en invierno se desborda
y se lleva la huerta.

No me muevo
pero mi viaje no para
por las estaciones.

La oruga nació
y ya es bella mariposa
que se deshoja.

> FAST MEANS GOING SLOWLY,
> BUT WITHOUT STOPPING.

The thin estuary in
winter overflows and
carries the garden away.

I don't move
but my trip does not stop for
the stations.

The birthed caterpiller is already
a beautiful butterfly that
sheds its skin.

5

> LOS RÍOS QUE SON MUY PROFUNDOS
> FLUYEN DE FORMA LENTA.

El asno rebuzna
contra la noche azul
que se tarda.

El anciano mira
cómo el zorzal vuelve
cada nuevo año.

El árbol viejo
guarda su propia muerte
bajo su corteza.

                                    THE DEEP RIVERS
                                      FLOW SLOWLY.

The donkey hee-haws
against the coming blue night
that is getting late.

The old man observes
how the redwing comes back
every new year.

The old tree keeps
its own death beneath
its bark.

6

> La risa
> llama a la felicidad.

El niño herido
sonríe al ver que su madre
no está asustada.

La aldeana besa
el pétalo rojo de una rosa
Tiempo de retorno.

El humo blanco
brota de la chimenea
Tibio invierno.

                                        THE LAUGH
                                   CALLS TO HAPPINESS.

The wounded child smiles
when he sees that his mother
is not frightened.

The girl kisses the red
petal of a rose
Time to return.

The white smoke spills out
of the chimney
Warm winter.

7
>EL SOL NO SABE NI DE BUENOS NI DE MALOS:
CALIENTA E ILUMINA A TODOS POR IGUAL.

El viento fresco
de la tarde estival
besa a todos.

Río torrentoso
El caballo sediento bebe
bajo el puente colgante.

Amanece
El gallo saluda al nuevo día
Se rompe la escarcha.

THE SUN DOES NOT KNOW WHO IS GOOD OR BAD:
IT WARMS AND ILLUMINATES EVERYONE EQUALLY.

The fresh wind
of the summer afternoon
Kisses everyone.

Torrential river
The thirsty horse drinks
under the hanging bridge.

Morning sun rises
The rooster greets the new day
The frost melts away.

8

> AQUEL QUE ES CAPAZ
> DE ESPERAR MEDIA HORA MÁS QUE SU OPONENTE
> CONSEGUIRÁ LA VICTORIA.

El brote pequeño
resiste el frío invierno
antes de ser rama.

Bajo la roca
el escarabajo duerme
con traje de seda.

La semilla
murió por cinco años
Hoy nace un árbol.

> HE WHO CAN
> WAIT A HALF HOUR MORE THAN HIS OPPONENT
> WILL GET THE VICTORY.

The small shoot resists
the cold winter before it
becomes a branch.

Under the rock the
coleoptera sleeps
with a suit of silk.

The seed five years
dead   Is born today
as a tree.

9

PUEDE QUE SOLO NECESITES TU ESPADA UNA VEZ EN TU VIDA,
PERO ES NECESARIO QUE LA LLEVES SIEMPRE.

La abeja obrera
defiende su panal
solo una vez.

El perro fiel
oye el nocturno crujir de ramas
y muerde al ladrón.

El guerrero
veloz desenvaina su espada
Luego le limpia la sangre.

IT COULD BE THAT YOU NEED YOUR SWORD ONLY ONE TIME IN YOUR LIFE,
BUT YOU MUST ALWAYS CARRY IT.

The worker bee
defends his hive
only one time.

The faithful dog
hears the night crunch of branches
and bites the thief.

The fast warrior
unsheathes his sword
Then wipes off the blood.

10

NO SON LAS FLORES MÁS HERMOSAS
LAS QUE DAN LOS MEJORES FRUTOS.

La anterior tormenta
destruyó la vieja choza de adobe
Hoy la casa es de piedra.

Las bayas rojas
brillantes como zafiros
mataron al ciervo.

El humo gris
del cigarro del campesino
se quedó en su pecho.

> IT IS NOT THE MOST BEAUTIFUL FLOWERS
> THAT GIVE THE BEST FRUIT.

The last storm destroyed
the old adobe hut   Today the
house is made of stone.

The red berries
as bright as sapphires
killed the deer.

The grey smoke
of the campesino's cigarette
stayed in his chest.

11

No digas que es imposible,
mejor di que aún no lo has hecho.

El diminuto gorrión
no tiene plumas al nacer
Luego salta en el aire.

La semilla
se hundió en el lodo
Hoy da frutos.

El invierno frío
oculta en su corazón blanco
todas las mariposas.

> DO NOT SAY THAT IT IS IMPOSSIBLE,
> SAY INSTEAD THAT YOU HAVE NOT DONE IT YET.

The little vulture has
no feathers at birth
Later it jumps in the air.

The small seed
was buried in the mud
Today it gives fruit.

The cold winter
hides in its white heart
all the butterflies.

12

        Es preferible ser el enemigo de alguien bueno,
                que amigo de una mala persona.

La basura
se junta en la puerta
del egoísta.

La cicuta crece
esbelta y soberbia
bajo el manzano.

Los buitres rondan
La carne muerta les llama
Círculos oscuros.

IT IS BETTER TO BE THE ENEMY OF SOMEONE GOOD
THAN A FRIEND TO A BAD PERSON.

The trash gathers
in the door of the
selfish person.

The water hemlock grows
skinny and arrogant
under the apple tree.

The vultures circle
The dead meat calls to them
Dark circles.

13
        SI QUIERES SUBIR Y NO TIENES CÓMO,
                         INVENTA LA ESCALERA.

Una gran roca
en medio del camino
El escultor sonríe.

El bosque
no fue suficiente
Sí la casa.

La belleza
de todo el paisaje
pedía un poema.

> IF YOU WANT TO CLIMB AND DO NOT HAVE A WAY,
> INVENT THE LADDER.

A big rock in
the middle of the road
The sculptor smiles.

The forest
was not enough
The house was.

The beauty of
the whole landscape
asked for a poem.

14
>
> UN MATRIMONIO HA DE SER COMO LAS MANOS Y LOS OJOS.
> SI DUELE LA MANO, LOS OJOS LLORAN,
> Y SI ESTOS LLORAN, LA MANO SECA SUS LÁGRIMAS.

Solo el amor
puede siempre salvarnos
Se acerca la noche.

Un misterio
dio origen al primer átomo
Anhelo infinito.

La cosa
realmente más importante
no es una cosa.

> A MARRIAGE HAS TO BE LIKE HANDS AND EYES.
> IF THE HAND HURTS, THE EYES CRY, AND IF THEY CRY,
> THE HAND DRIES THEIR TEARS.

Only love can
always save us
Night is coming.

A mystery
was the origin of the first atom
Infinite longing.

The thing
that is truly most important
is not a thing.

15
> Un barco con cien marineros
> es capaz de subir hasta una montaña.

El mayor bosque
del que se tiene registro
es un único árbol.

El gigante asesino
con una piedra en la frente
es derrotado.

Pequeñas gotas
forjaron el incontenible
tsunami.

A SHIP WITH A HUNDRED SAILORS
IS CAPABLE OF GOING AS HIGH AS A MOUNTAIN.

The greatest forest
ever recorded is
a single tree.

The giant killer with a
stone in the forehead is
defeated.

Little drops
forge the uncontainable
tsunami.

16

> LA DISCIPLINA ACABARÁ
> VENCIENDO A LA INTELIGENCIA.

Un ladrillo
y otro y otro más
alzan el muro.

El maestro
orgulloso y altivo tropezó
con sus libros.

Las gotas caen
La piedra se quiebra
Paso del agua.

> DISCIPLINE WILL END UP
> BEATING INTELLIGENCE.

One brick
and another and another
raise the wall.

The proud
and haughty teacher
fell over his books.

The drops fall
The stone breaks
Water passes.

17
                              EL MAR ES ASÍ DE GRANDE
                        PORQUE NO MENOSPRECIA LOS RIACHUELOS.

El sabio
viendo caer una hoja
fue iluminado.

Dios ama
al universo escondido
entre sus dedos.

La estrella
que explotó allá muy lejos
Hoy forja mi sangre.

> THE SEA IS SO GREAT
> BECAUSE IT DOES NOT LOOK DOWN ON CREEKS.

The wise man watching a
leaf fall was
enlightened.

God loves the universe
hidden between his
fingers.

The star
that exploded very far away
Today forges my blood.

18

> LA VICTORIA NO ES LO QUE ENSEÑA,
> SE APRENDE MÁS CON LA DERROTA.

Caído en el barro
bajo su caballo muerto
el guerrero soñó.

Seis vasos
de arcilla yacen quebrados
Bebo del séptimo.

El sufrimiento
mintió al oído del joven
que era el final.

> THE VICTORY IS NOT WHAT TEACHES,
> ONE LEARNS MORE IN DEFEAT.

Fallen in the mud
under his dead horse
the warrior dreamed.

Six clay cups
lie shattered on the ground
I drink from the seventh.

Suffering lied into
the young man's ear that
it was the end.

Glosario / Glossary

AME OTOKO/AME ONNA (雨男/雨女)

Ame otoko (hombre de la lluvia) y *ame onna* (mujer de la lluvia) se refieren a personas que parecen atraer la lluvia dondequiera que van. Es una expresión humorística que describe a alguien que siempre parece estar bajo la lluvia o que trae mal tiempo. Este término refleja la propensión japonesa a encontrar humor y significado en las coincidencias y las características personales.

Ame otoko (rain man) y *ame onna* (rain woman) refer to people who seem to attract the rain wherever they go. It is humorous expression that describes someone who seems to always be rained on or who brings bad weather. This term shows the Japanese propensity for finding humor and meaning in coincidences and personal characteristics.

GAMAN (我慢)

Concepto que implica las ideas de resistencia, paciencia y perseverancia ante la adversidad. Es una cualidad valorada en la cultura japonesa, que enfatiza la fortaleza interior y la capacidad de soportar dificultades sin quejarse. *Gaman* implica autocontrol y una actitud de enfrentarse a los desafíos con dignidad y determinación, manteniendo la calma y el enfoque incluso en situaciones muy difíciles.

A concept that implies that ideas of resistance, patience and perseverance in the face of adversity. It is a prized quality in Japanese culture that emphasizes internal strength and the capacity to withstand difficulties without complaining. *Gaman* implies self-control and an attitude of dignity and determination when faced with challenges, staying calm and focused even in very difficult situations.

Hikikomori (引き籠もり)

Esta palabra se refiere a personas, a menudo jóvenes, que se aíslan socialmente y se recluyen en sus hogares durante largos períodos, a veces años. Este fenómeno social refleja las presiones y expectativas de la sociedad japonesa, incluyendo el estrés académico y laboral. *Hikikomori* es un tema de preocupación en Japón, y hay esfuerzos en curso para proporcionar apoyo y tratamiento a quienes experimentan este tipo de aislamiento extremo.

This word refers to people, often young, who socially isolate themselves and shut themselves up in their homes for long periods, sometimes years. This social phenomenon reflects the pressures and expectations of Japanese society, including academic and work stress. *Hikikomori* is a subject of concern in Japan, and there are efforts underway to get help and treatment to those who experience this kind of extreme isolation.

Ikigai (生き甲斐)

Este es el concepto que expresa la idea de tener una razón para vivir o un propósito en la vida. Es la intersección entre lo que amas, en lo que eres bueno, lo que el mundo necesita y por lo que puedes recibir un pago. Encontrar tu *ikigai* es considerado esencial para una vida plena y satisfactoria. Este concepto subraya la importancia de la auto-realización y el equilibrio entre pasión, misión, profesión y vocación.

This is the concept that expresses the idea of having a reason to live or a purpose in life. It is the intersection between what one loves to do, what one is good at, what the world needs, and for which one can be paid. To find one's *ikagai* is considered essential for a full and satisfying life. This concept underlines the importance of self-realization and balance between passion, mission, profession and vocation.

Itadakimasu (いただきます)

Palabra que se dice antes de comer, similar a decir "buen provecho" en español. Sin embargo, su significado va más allá. *Itadaku* es un verbo que significa "recibir", y *masu* es una forma de cortesía. Al decir *itadakimasu*, se expresa gratitud no solo por la comida, sino también por el esfuerzo de quienes la han preparado y por los ingredientes que provienen de la naturaleza y que también han donado su existencia para nuestra alimentación. Es una manifestación de humildad y reconocimiento hacia el ciclo de la vida y el trabajo humano involucrado en la comida.

A word that is said before eating, like saying "bon apetit!" or "enjoy!" Nevertheless, its meaning goes further. *Itadaku* is a verb that means, "to receive," and *masu* is a form of courtesy. When saying *itadakimasu*, one expresses gratitude not only for the food, but also for the work of those who have prepared it and for the ingredients provided by nature and the fact that they exist to provide our food. It is a manifestation of humility and recognition of the cycle of life and the human work involved in the food.

KINTSUKUROI (金継ぎ/金繕い)

Este término, también conocido como *kintsugi*, es el arte de reparar cerámica rota con barniz o resina mezclada con oro, plata o platino. Este proceso no solo repara el objeto, sino que también lo embellece, destacando sus cicatrices y haciéndolo aún más valioso. *Kintsukuroi* simboliza la creencia en que las cicatrices y las imperfecciones pueden embellecer y darle más valor a un objeto, y se puede aplicar también como una metáfora de la vida, sugiriendo que las personas son más hermosas y valiosas por haber superado las adversidades.

This term, also known as *kintsugi*, is the art of repairing broken ceramic with varnish or resin mixed with gold, silver, or platinum. The process not only repairs the object, but also beautifies it, highlighting its scars and making it more valuable. *Kintsukuroi* symbolizes the belief that scars and imperfections can beautify and increase the value of an object, and that can be applied as a metaphor for life, suggesting that people are more beautiful and valuable for having overcome adversity.

KOGARASHI (木枯らし)

Palabra que indica el primer viento frío del otoño o invierno que causa que las hojas caigan de los árboles. Es una palabra que simboliza la llegada del frío y el cambio de estaciones. Este término es un ejemplo de cómo la cultura japonesa tiene una conexión profunda y poética con la naturaleza, reconociendo y celebrando sus ciclos y transiciones.

Indicates the first cold wind of autumn or winter that makes the leaves fall from the trees. It is a word that symbolizes the arrival of cold and the change of seasons. This term is an example of how Japanese culture connects deeply and poetically with nature, recognizing and celebrating its cycles and transitions.

KOI NO YOKAN (恋の予感)

Concepto que describe la sensación de que uno se va a enamorar de alguien. A diferencia del "amor a primera vista", *koi no yokan* es un presentimiento o intuición de un amor inminente, una sensación de que una relación amorosa está destinada a desarrollarse en el futuro. Este término captura la emoción y la anticipación de un amor que aún no ha comenzado, pero que se siente inevitable.

A concept that describes the sensation that someone will fall in love with someone. In contrast to "love at first sight," *koi no yokan* is a premonition or intuition of an imminent love, a feeling that a romantic relationship is destined to develop in the future. This term captures the emotion and anticipation of a love that has not yet started but feels inevitable.

Komorebi (木漏れ日)

Esta palabra describe el efecto de la luz del sol que se filtra a través de las hojas de los árboles. Es una palabra que captura la belleza efímera y la interconexión entre la luz y la naturaleza. Este término resalta la apreciación japonesa por los pequeños momentos de belleza en la vida cotidiana y la relación armoniosa entre el hombre y la naturaleza. En la literatura y el arte japonés, *komorebi* se usa a menudo para evocar una sensación de tranquilidad y contemplación.

This word describes the effect of sunlight filtering through the leaves of the trees. It is a word that captures the ephemeral beauty and the interconnection between light and nature. This term underlines the Japanese appreciation for the small moments of beauty in daily life and the harmonious relationship between man and nature. In Japanese literature and art, *komorebi* is often used to evoke a feeling of tranquility and contemplation.

Kuidaore (食い倒れ)

Este término literalmente significa "comer hasta arruinarse". Describe la pasión por la comida y la disposición a gastar mucho en comer bien, incluso a costa de la propia solvencia financiera. En Osaka, una ciudad famosa por su gastronomía, *kuidaore* es un término popular que refleja el amor por la comida y la cultura culinaria vibrante de la región.

This term literally means "eat to ruination." It describes the passion for food and the willingness to spend a lot on eating well, even at the cost of one's own financial solvency. In Osaka, a city famous for its gastronomy, *kuidaore* is a popular term that reflects the love for food and the region's vibrant culinary culture.

Majime (真面目)

Palabra que describe a alguien serio, diligente y sincero en su trabajo o estudios. Es una cualidad valorada en la sociedad japonesa, que enfatiza la responsabilidad, la integridad y el esfuerzo constante. Ser *majime* implica ser confiable y tener un fuerte sentido del deber, y es una característica apreciada en el contexto profesional y personal.

A word that describes someone serious, diligent and sincere in their work or studies. It is a prized quality in Japanese society that emphasizes responsibility, integrity, and constant effort. To be *majime* implies reliability and a strong sense of duty, and it is a valued characteristic in the professional and personal contexts.

Ma (間)

Concepto que se refiere al espacio o pausa entre dos elementos. En la cultura japonesa, el vacío y el espacio negativo son tan importantes como lo que está presente, creando equilibrio y armonía. *Ma* se puede ver en la arquitectura, la música, el teatro y otras artes, donde la pausa y el silencio son utilizados deliberadamente para realzar la belleza y el significado de lo que está presente. Este concepto refleja una profunda apreciación por el equilibrio y la armonía en todas las cosas.

A concept that refers to the space or pause between two elements. In Japanese culture, the emptiness and negative space are as important as that which is present, creating balance and harmony. *Ma* can be seen in architecture, music, theater and other arts, where the pause and silence are deliberately used to exalt beauty and the meaning of what is present. This concept reflects a deep appreciation for equilibrium and harmony in all things.

Mono no aware (物の哀れ)

Expresión que describe la sensibilidad hacia la naturaleza transitoria de las cosas. Se trata de una apreciación melancólica de la belleza efímera y la impermanencia de la vida. Este concepto es fundamental en la literatura y el arte japonés, y se ve reflejado en la contemplación de la floración de los cerezos (*sakura*), que es hermosa precisamente porque dura poco.

Mono no aware nos invita a apreciar y aceptar la impermanencia como una parte esencial de la vida.

An expression that describes the sensitivity toward the transitory nature of things. It has to do with a melancholic appreciation of ephemeral beauty and the impermanence of life. This concept is fundamental in Japanese literature and art and is reflected in the contemplation of cherry blossoms (*sakura*), that is beautiful precisely because it lasts a short time. *Mono no aware* invites us to appreciate and accept impermanence as an essential part of life.

OTSUKARESAMA (おつかれさま)

Concepto utilizado para reconocer y agradecer el esfuerzo y trabajo de alguien. Puede traducirse como "buen trabajo" o "gracias por tu esfuerzo". En el contexto laboral, se dice al final de la jornada laboral o después de completar una tarea importante. Refleja una cultura de respeto mutuo y reconocimiento del esfuerzo individual y colectivo, promoviendo un ambiente de camaradería y apoyo mutuo.

A concept used to recognize and thank the work or effort of someone. It can be translated as "good job" or "thank you for your effort." In the work context, it is said at the end of the workday or after completing an important task. It reflects a culture of mutual respect and recognition of individual and collective effort, promoting an environment of camaraderie and mutual support.

Sakurafubuki (桜吹雪)

Palabra que indica la "tormenta" de pétalos de cerezo que caen cuando los árboles están en plena floración. Es un fenómeno natural que simboliza la belleza efímera y la transitoriedad de la vida. Durante la primavera, la caída de los pétalos de *sakura* es un evento muy esperado y celebrado en Japón, y se realizan numerosos festivales (*hanami*) para contemplar y disfrutar de esta impresionante manifestación de la naturaleza.

A word that indicates the "storm" of cherry blossoms that falls when the trees are in full bloom. It is a natural phenomenon that symbolizes ephemeral beauty and the transitory nature of life. During spring, the falling of the petals of *sakura* is an anticipated and celebrated event in Japan, and many festivals (*hanami*) are held to contemplate and enjoy this impressive manifestation of nature.

Shoganai (しょうがない)

Término que se traduce como "no se puede evitar" o "es lo que es". Es una expresión de aceptación y resignación ante circunstancias inevitables. Este concepto refleja una actitud de estoicismo y aceptación de lo que no se puede cambiar, promoviendo una forma de enfrentar la adversidad con calma y sin quejas. Es una parte integral de la mentalidad japonesa de perseverancia y adaptación.

A term that is translated as "it cannot be avoided" or "it is what it is." It is an expression of acceptance and resignation under inevitable circumstances. This concept reflects an attitude of stoicism and acceptance of what cannot be changed, promoting a way to face adversity calmly and without complaint. It is an integral part of the Japanese mentality of perseverance and adaptation.

Shinrin-yoku (森林浴)

Expresión que literalmente significa "baño de bosque", es la práctica de sumergirse en la atmósfera del bosque para promover el bienestar y reducir el estrés. Esta práctica se basa en la idea de que pasar tiempo en la naturaleza tiene beneficios terapéuticos para la salud física y mental. En Japón, *shinrin-yoku* es una forma reconocida de medicina preventiva, y se ha demostrado que ayuda a reducir la presión arterial, mejorar el estado de ánimo y fortalecer el sistema inmunológico.

An expression that literally means "forest bathing," the practice of submerging oneself in the forest environment to promote wellbeing and reduce stress. This practice is based on the idea that passing time in nature has therapeutic benefits for physical and mental health. In Japan, *shinrinyoku* is a recognized form of preventative medicine, and has been demonstrated to help reduce blood pressure, improve one's emotional state, and strengthen the immune system.

Ukiyo (浮世)

Palabra que originalmente significaba "mundo flotante" y se refería a la vida urbana y hedonista del período Edo, caracterizada por la búsqueda del placer y la diversión. Hoy en día, *ukiyo* puede referirse a una actitud de vivir el momento y disfrutar de las cosas efímeras y transitorias de la vida. Es una aceptación de la impermanencia y una celebración de los placeres fugaces.

A word that originally meant "floating world" and referred to the urban and hedonistic life of the Edo period, characterized by the search for pleasure and fun. Today, *ukiyo* can refer to an attitude of living in the moment and enjoying the ephemeral and transitory things of life. It is the acceptance of impermanence and a celebration of fleeting pleasures.

Wabi-sabi (わびさび)

Expresión que hace alusión a una perspectiva estética que encuentra belleza en la imperfección y la impermanencia. *Wabi* se refiere a la belleza rústica y simple, mientras que *sabi* denota el encanto de la vejez y del paso del tiempo. Juntos, *wabi-sabi* valora la simplicidad, la asimetría, la rusticidad y la autenticidad. Este concepto es fundamental en muchas formas de arte japonés, incluyendo la ceremonia del té, la jardinería y la cerámica, y refleja una visión del mundo que acepta y celebra la naturaleza imperfecta y transitoria de todas las cosas.

An expression that alludes to an esthetic perspective that finds beauty in imperfection and impermanence. *Wabi* refers to simple and rustic beauty, while *sabi* denotes the charm of old age and the passing of time. Together, *wabi-sabi* values simplicity, asymmetry, rusticity and authenticity. This concept is fundamental in many forms of Japanese are, including the tea ceremony, gardening and ceramics, and reflects a vision of the world that accepts and celebrates the imperfect and transitory nature of all things.

YŪGEN (幽玄)

Concepto estético que describe una profunda conciencia del universo y la belleza misteriosa que reside en la simplicidad y la sutileza. *Yūgen* implica una apreciación de la profundidad y la complejidad de la vida que no puede expresarse con palabras. En la literatura, el teatro *Noh* y otras artes tradicionales japonesas, *yūgen* es la calidad que sugiere un sentido de misterio y profundidad oculta, evocando una sensación de asombro y reverencia.

The esthetic concept that describes a deep conscience of the universe and the mysterious beauty that resides in simplicity and subtlety. *Yūgen* implies an appreciation for the depth and complexity of life that cannot be expressed with words. In literature, the *Noh* theater and other traditional Japanese arts, Yūgen is the quality that suggest a sense of mystery and hidden depth, evoking a sensation of awe and reverence.

Sobre el Autor
About the Author

Luis Cruz-Villalobos (Santiago de Chile, 1976). Poeta y editor, psicoterapeuta y académico chileno. Es doctor en filosofía por la Vrije Universiteit Amsterdam, especializado en psicología clínica, afrontamiento postraumático y hermenéutica aplicada. Es miembro de la Sociedad de Escritores de Chile, con más de sesenta libros publicados de poesía y ensayos académicos. Dentro de sus obras poéticas se destacan: *Poesía Teológica / Theological Poetry* (2018, con prólogo de John D. Caputo); *Como Abrazo Exacto y Ven a Mí* (2015 y 2017, antologías seleccionadas por Alfredo Pérez Alencart); *Con / Cu Cioran* (2017, publicación bilingüe español-rumano, traducida por Carmen Bulzan); *Teoría de la Infelicidad / Theory of Unhappiness* (2018 / 2020); *Hombre lleno de flores / Man full of flowers* (2020 / 2022); *Stańczyk: Poema narrativo de un serio bufón* (2022, con traducción al inglés, rumano y polaco); *Diccionario Poético de Psiquiatría / The Poetic Dictionary of Psychiatry* (2023 / 2024, escrito junto al psiquiatra y poeta español Luis M. Iruela); *Melodías Orientales / 东方旋律 / Oriental Melodies* (2023, edición en español, inglés y chino, con acuarelas del pintor español Miguel Elías) y la reciente obra de fotopoesía *Phos* (2024, que incluye traducciones al inglés, alemán y finlandés, y fue realizada junto al fotógrafo alemán Claus Terlinden). Parte de su obra ha sido traducida a más de 10 idiomas y premiada internacionalmente.

Luis Cruz-Villalobos (Santiago, Chile, 1976). Poet and editor, psychotherapist and Chilean academic. Doctor in Philosophy from Vrije University Amsterdam, dealing with post-trauma and clinical psychology. He is a member of the Society of Chilean Writers, having published more than sixty books of poetry and academic essays. His poetic works include: *Poesía Teológica / Theological Poetry* (2018, with a prologue by John D. Caputo); *Como Abrazo Exacto y Ven a Mí* (2015 and 2017, anthologies selected by Alfredo Pérez Alencart); *Con / Cu Cioran* (2017, Spanish-Romanian bilingual publication translated by Carmen Bulzan); *Teoría de la Infelicidad / Theory of Unhappiness* (2018 / 2020); *Hombre lleno de flores / Man full of flowers* (2020 / 2022); *Stańczyk: Poema narrativo de un serio bufón* (2022, with translations in English, Romanian, and Polish); *Diccionario Poético de Psiquiatría / The Poetic Dictionary of Psychiatry* (2023 / 2024, written with the psychiatrist and Spanish poet Luis M. Iruela); *Melodías Orientales / 东方旋律 / Oriental Melodies* (2023, Spanish, English, and Chinese edition with watercolors by Spanish painter Miguel Elías), and the recent work of photo-poetry *Phos* (2024, that includes translations to English, German, and Finnish, completed with German photographer Claus Terlinden). Some of his works have been translated into more than ten languages and have won international awards.

Sobre el Traductor
About the Translator

Mark McGraw (Fort Worth, Texas, 1963) es escritor, traductor y profesor de idiomas. Es autor de *Behind Friendly Lines: Memoirs of a US Marine in Chile* (Lucid, 2019) y traductor de ocho obras de ficción, memorias y poesía de Joseph Avski, Julio César Aguilar y Luis Cruz-Villalobos. Su traducción más reciente de *Diccionario poético de psiquiatría*, de Luis Cruz-Villalobos y Luis Iruela, fue publicada como *The Poetic Dictionary of Psychiatry* en 2024 por Hebel y Cross-Cultural Communications. Sus traducciones de una antología de cuentos de autores latinoamericanos serán publicadas en *The Laurel Review* en la primavera de 2025. Enseña y reside en Waco, Texas.

Mark McGraw (Fort Worth, Texas, 1963) is a writer, translator, and language professor. He is the author of *Behind Friendly Lines: Memoirs of a US Marine in Chile* (Lucid, 2019) and translator of eight book-length works of fiction, memoir, and poetry by Joseph Avski, Julio César Aguilar, and Luis Cruz-Villalobos. His most recent translation of Luis Cruz-Villalobos and Luis Iruela's *Diccionario poético de psiquiatría* was published as *The Poetic Dictionary of Psychiatry* in 2024 by Hebel and Cross-Cultural Communications. His translations of an anthology of short stories by Latin American authors will be published in *The Laurel Review* in spring 2025. He teaches and lives in Waco, Texas.

*Este
libro terminó
de editarse en Casazul,
precordillera de Curicó, Región
del Maule, Chile, una tarde tranquila de
otoño, en medio de tiempos de guerras lejanas /
The editing of this book was completed in
Casazul, foothills of Curicó, Maule
Region, Chile, one calm fall
afternoon during times
of faraway
wars.*

LXV

www.ingramcontent.com/pod-product-compliance
Lightning Source LLC
Chambersburg PA
CBHW062114080426
42734CB00012B/2856